DES
DIEUX
ET DU MONDE

Par
SALLUSTE LE PHILOSOPHE

Éditions Theurgia
www.theurgia.us

Éditeurs : Jean-Louis de Biasi - Patricia Bourin

Éditions Theurgia © 2019
2251 N. Rampart Blvd #133, Las Vegas, NV 89128, USA
secretary@theurgia.us
Fabriqué aux États-Unis
ISBN : 978-1-926451-25-1

Découvrez les autres publications de "Theurgia"
www.theurgia.us

SOMMAIRE

1. DES QUALITÉS DE L'APPRENTI ET DES NOTIONS COMMUNES

Tous ceux qui ont le désir de s'instruire de ce qui touche aux dieux doivent, dès leur enfance, avoir été parfaitement bien guidés et ne pas s'être nourris d'opinions erronées . Il faut qu'ils soient aussi d'un bon naturel et de saine intelligence, afin qu'ils aient quelque chose de conforme à leurs sujets d'étude. Indispensable aussi leur est la connaissance des notions communes. Les notions communes sont celles sur lesquelles tous les hommes, lorsqu'ils sont judicieusement interrogés, tombent d'accord : par exemple, que toute Divinité est bonne, qu'elle est impassible, qu'elle est immuable. Tout ce qui est, en effet, sujet au changement devient meilleur ou pire; s'il devient pire, il se pervertit; s'il s'améliore, c'est que d'abord il a été mauvais.

2. QUE DIEU EST IMMUABLE, INCRÉÉ, ÉTERNEL, INCORPOREL ET NON CIRCONSCRIT DANS UN LIEU

Tel doit être l'apprenti, et voici ce qu'il faut que les doctrines soient. Les essences des dieux n'ont jamais été soumises au devenir, car ce qui existe d'une existence éternelle n'a jamais pu être soumis au devenir. Or, ce qui existe d'une existence éternelle, c'est tout ce qui possède la puissance première et qui n'est pas né pour être modifiable. Ces essences divines ne tiennent pas non plus leurs origines des corps, car les puissances qui animent les corps sont incorporelles. Elles ne sont pas non plus circonscrites en un lieu, car c'est le propre des corps. Elles ne sont pas enfin séparées de la Cause première, ni les unes des autres, tout comme les pensées ne le sont pas de l'intelligence, les sciences, de l'esprit, et les sensations, de la créature animée.

3. DES MYTHES, QU'ILS SONT DIVINS ET POURQUOI

Mais pourquoi donc, négligeant d'exposer ces doctrines, les anciens se sont-ils servis des mythes ? La question mérite d'être examinée, et c'est déjà un premier avantage des mythes que de nous procurer matière à examen, en ne laissant pas inactive notre faculté de réflexion. Que les mythes soient divins, nous pouvons l'alléguer par le caractère de ceux qui en ont fait usage. Ce sont, en effet, les poètes inspirés par les dieux, les meilleurs d'entre les philosophes, les fondateurs des initiations. et les dieux eux-mêmes qui, pour rendre leurs oracles, se sont servis de mythes. Mais pourquoi les mythes sont divins, c'est à la philosophie de s'en enquérir. Certes, puisque tous les êtres s'attachent à ce qui est à leur ressemblance et se détournent de qui leur est dissemblable, il fallait bien aussi que les doctrines relatives aux dieux aient avec ceux-ci de la similitude, afin que ces doctrines soient dignes de leur essence et puissent rendre, à ceux qui les exposent, les dieux propices. Or, c'est à quoi les mythes peuvent seuls parvenir. Les mythes, en effet, imitent les dieux quant au proférable et à l'improférable, au visible et à l'invisible, à l'évident et au caché; ils imitent aussi la bonté des dieux, car, de même que les dieux ont rendu communs à tous les hommes les biens qui proviennent des perceptions des sens, mais ont réservé à ceux-là seuls qui sont sages les biens provenant des intellections de l'esprit : les mythes, de même, proclament à tous que les dieux existent , mais ne font connaître ce que sont ces dieux qu'a ceux qui sont capables de le savoir. En outre, ils imitent aussi les activités des dieux. Il nous est permis, en effet, d'alléguer que le monde est un mythe aussi, puisque les corps et les choses sont en lui apparents, et que les âmes et les intelligences y sont cachées. De plus, si l'on voulait enseigner à tous les hommes la vérité au sujet des dieux, on ferait chez les ignorants, parce qu'ils ne peuvent comprendre, naître le mépris, et chez les studieux, une facile indolence. Mais la vérité dissimulée sous les mythes ne permet pas aux premiers de la mépriser, et contraint les seconds à la rechercher philosophiquement. Mais, dira-t-on, pourquoi les anciens ont-ils parlé dans les mythes, d'adultères, de rapts et tant d'autres sortes d'étrangetés ? Cette façon d'enseigner n'est-elle pas également admirable, puisque, à travers cette étrangeté apparente, l'âme aussitôt est conduite à regarder ces récits comme des voiles, et à penser que la vérité est improférable ?

4. DES CINQ ESPÈCES DE MYTHES, ET DES EXEMPLES DE CHACUN

Parmi les mythes, les uns sont théologiques; les autres, physiques. Il en est encore de psychiques, de naturalistes, et d'autres enfin qui sont un mélange de ces éléments. Les mythes théologiques sont ceux qui, ne s'attachant à rien de matériel, considèrent les dieux dans leurs essences mêmes. Tel est, par exemple, le mythe de l'absorption par Cronos de ses propres enfants. Puisque Dieu est intelligent et que toute intelligence retourne sur elle-même, ce mythe fait allusion à l'essence de Dieu : Pour les mythes physiques, il nous est donné de les considérer lorsqu'on rapporte au monde les activités des dieux.

C'est ainsi que certains ont déjà pensé que Cronos était le Temps, et, appelant les divisions du Temps les fils de l'ensemble des temps, ils ont dit que les enfants étaient dévorées par leur père. Le trait particulier au mythe psychique est de considérer les activités de l'âme elle-même. Les pensées de nos âmes, en effet, même si elles vont chez les autres, restent pourtant chez ceux qui les ont engendrées. La dernière forme du mythe est le mythe naturaliste : c'est le mythe dont, par suite de leur ignorance, les Égyptiens se sont surtout servis. Estimant que les corps eux-mêmes étaient des dieux, ils ont appelé Isis la terre, le principe humide Osiris, la chaleur Typhon, ou bien encore Cronos l'eau, Adonis les fruits, et Dionysos, le vin. Dire que toutes ces choses, comme aussi les plantes, les pierres et les animaux, sont consacrées aux dieux, c'est le propre des hommes qui pensent sagement; mais les appeler dieux est le fait d'hommes fous, à moins que ce ne soit dans le sens que nous avons, par habitude, d'appeler soleil, et la sphère du soleil et le rayon qu'émet cette sphère. Quant aux mythes résultant d'un mélange, nous en avons des exemples variés et nombreux. Ainsi, on raconte que la Discorde jeta, dans le banquet des dieux, une pomme d'or, et qu'à propos de ce geste, une dispute éclata entre les déesses, et que Zeus les envoya vers Pâris, afin qu'il tranchât leur différend. On ajoute que ce fut Aphrodite qui lui sembla la plus belle, et que ce fut à elle que Pâris accorda la pomme. Ici, en effet, le banquet désigne les activités hypercosmiques des dieux, et c'est pourquoi ils sont groupés ensemble. La pomme d'or désigne le monde universel qui, formé d'éléments opposés, peut-être à bon droit supposé avoir été lancé par la Discorde. Et, comme chaque divinité cherche à rendre pour sa part de bons offices au monde, toutes paraissent être comme en litige au sujet d'une pomme. En outre, l'âme qui vit selon la vie des sens - et cette âme est Pâris - ne portant pas attention aux autres puissances en acte dans le monde, n'aperçoit que la seule beauté, et affirme que la pomme appartient à Aphrodite.

Les mythes théologiques conviennent aux philosophes; les physiques et les psychiques aux poètes; les mixtes, aux mystères initiatiques, puisque toute initiation tend à nous rattacher au monde et aux dieux.

S'il faut encore mentionner un autre mythe, nous dirons qu'on raconte que la Mère des dieux, ayant aperçu Attis étendu auprès du fleuve Gallos, s'en énamoura, et, prenant un pilos étoilé, en couronna cet amant et le garda désormais avec elle. Mais Attis, s'étant épris d'amour pour une nymphe, abandonna la Mère des dieux et vécut avec cette nymphe. Pour ce fait, la Mère des dieux jeta Attis dans un accès de démence, au cours duquel il se coupa les parties génitales et les laissa chez sa nymphe; puis, revenant à la Mère des dieux, il habita derechef avec elle. Or, la Mère des dieux est une déesse qui impartit la vie, et c'est pourquoi elle est appelée mère. Quant à Attis, il est l'artisan de tout ce qui devient et de tout ce qui s'écoule, et c'est pourquoi il est dit avoir été rencontré sur le bord du fleuve Gallos. Ce nom de Gallos, en effet, à mots couverts évoque la

Galaxie ou le Cercle lacté, d'où débute tout corps soumis au changement.

Et, comme les dieux du premier ordre donnent la perfection à ceux du second, on dit que la Mère des dieux devint amoureuse d'Attis et qu'elle lui remit les puissances célestes - et c'est ce que signifie le pilos. On ajoute qu'Attis se rendit amoureux d'une nymphe. Or, les nymphes sont les gardiennes de la génération, car tout ce qui devient s'écoule. Comme il fallait arrêter la génération et empêcher que le pire ne s'engendrât du plus vil, l'artisan qui en ordonnait le cours laissa dans le monde du devenir les forces génératrices, et de nouveau se réunit aux dieux.

Ce n'est pas que ces choses ne soient jamais arrivées; elles sont ainsi de toute éternité; mais si l'intelligence les voit toujours ensemble, la parole les exprime en faisant des unes les premières, des autres les secondes. Comme ce mythe se rapporte au monde proprement, nous qui imitons le monde - car comment pourrions-nous mieux nous ordonner nous-mêmes ? - nous célébrons une fête pour le commémorer. Tout d'abord, comme étant nous-mêmes tombés du ciel et vivant dans l'intimité de la nymphe, nous nous trouvons dans un état de tristesse et nous nous abstenons de pain et de tout autre aliment épais et grossier, car les uns et les autres de ces aliments sont opposés à l'âme. Ensuite viennent des coupes d'arbres, des jours de jeûne, comme pour couper court à une progression vers un devenir ultérieur. Nous usons ensuite d'une alimentation lactée, comme si nous étions engendrés de nouveau. A ceci s'ajoutent des démonstrations d'allégresse, des couronnes et vers les dieux comme notre retour. Le temps marqué pour ces cérémonies témoigne en faveur de ce qu'elles signifient. C'est, en effet, vers le printemps et l'équinoxe qu'elles sont célébrées, lorsque ce qui devient cesse de devenir, que le jour est plus grand que la nuit, ce qui s'apparente aux âmes qui remontent.

On raconte aussi que le mythe de l'enlèvement de Coré se passa vers l'équinoxe opposé, et ce mythe a trait à la descente des âmes. Tel est ce que nous disent au sujet des mythes, les dieux eux-mêmes et les âmes de ceux qui ont écrit les mythes : qu'ils nous soient favorables !

5. DE LA CAUSE PREMIÈRE

Pour faire suite à ce qui vient d'être dit, il s'agit de considérer maintenant la Cause première, les ordres de dieux qui viennent, après elle, la nature du monde, les essences de l'âme et de l'intelligence, la Providence, le Destin, la Fortune, la Vertu et le Vice, et d'examiner les bonnes et les mauvaises formes de gouvernement qui en résultent; il faut enfin chercher d'où vient que le mal soit entré dans le monde. Chacune de ces matières demanderait de longs et de nombreux discours. Mais ce n'est peut-être point une raison de ne pas brièvement les traiter, et de faire que nos lecteurs n'en soient pas tout à fait ignorants. Il convient que la Cause première soit une, car l'unité précède toute multiplicité, qu'en puissance, comme aussi en bonté, elle l'emporte sur tout, et que tout à ce titre participe de la Cause première. Rien ne saurait, en effet, sous le rapport de la puissance, s'opposer à elle, ni l'empêcher d'exercer sa bonté. Mais cependant, si cette Cause première était âme, tout serait animé; si elle était intelligence, tout serait intelligent; si elle était être, tout devrait participer de l'être. Or, comme certains se sont aperçus que toute chose participait de l'être, ils ont pensé que l'être était cette Cause première. Si donc les êtres n'étaient seulement que des êtres et qu'ils ne fussent pas bons, leur assertion pourrait être vraie. Mais si les êtres n'existent qu'à cause de la bonté et s'ils participent du bien, il devient nécessaire que le premier principe soit supérieur à l'être et qu'il soit bon par lui-même. En voici la plus grande des preuves. Les âmes généreuses, en effet, méprisent en vue du bien de persister dans l'être, lorsqu'elles choisissent pour leur patrie, leurs amis et la vertu, de s'exposer au danger. Après cette aussi ineffable puissance, viennent les ordres des dieux.

6. DES DIEUX HYPERCOSMIQUES ET DES DIEUX ENCOSMIQUES

Parmi les dieux, les uns sont encosmiques; les autres, hypercosmiques.

J'appelle encosmiques, les dieux qui fabriquent le monde. Quant aux dieux hypercosmiques, les uns créent les essences des dieux; les autres, l'intelligence; ceux-ci enfin, les âmes. Aussi sont-ils répartis en trois ordres, et ces trois ordres il est aisé de les découvrir dans tout ce que l'on rapporte au sujet de ces dieux.

Des dieux encosmiques, les uns font que le monde existe; les autres harmonisent les êtres en accordant leurs éléments opposés; ceux-ci les animent, et ceux-là enfin les maintiennent dans l'harmonie établie.

Comme ces fonctions sont au nombre de quatre, et que chacune d'elles comporte un commencement, un milieu et une fin, il en résulte nécessairement que doivent être au nombre de douze les dieux qui en ont la gérance.

Les dieux qui fabriquent le monde sont Zeus, Héphaïstos, Poséidon; ceux qui l'animent: Déméter, Héra et Artémis; ceux qui l'harmonisent: Apollon, Aphrodite et Hermès; ceux qui maintiennent l'harmonie : Hestia, Athéna et Arès. Des allusions à ces fonctions sont apparentes, en leurs images.

Apollon, en effet, accorde une lyre; Athéna est armée; Aphrodite est nue, car l'harmonie crée la beauté, et la beauté, dans les choses visibles, ne se voile point.

Puisque ces divinités sont celles qui, au premier chef, gouvernent l'univers, il faut considérer les autres comme existantes en elles. Ainsi, par exemple, Dionysos est en Zeus, Asclépios en Apollon et les Charites en Aphrodite.

Nous pouvons aussi observer leurs sphères : la terre est attribuée à Hestia, l'eau à Poséidon, l'air à Héra et le feu à Héphaïstos.

Quant aux six plus hautes sphères, nous avons aussi coutume de les appeler dieux. Apollon et Artémis, en effet, se prennent pour le soleil et la lune. Il faut attribuer à Déméter la sphère de Cronos, l'éther à Athéna.

Pour le firmament, il est commun à tous.

Telle est la façon dont on explique et dont on chante les ordres, les puissances et les sphères des douze dieux.

7. DE LA NATURE DU MONDE ET DE SON ÉTERNITÉ

Il est nécessaire que l'univers soit aussi lui-même impérissable et incréé. Il faut qu'il soit impérissable, car, s'il était détruit, ce ne pourrait nécessairement que pour être remplacé, ou par un meilleur, ou par un pire, ou par un semblable, ou bien pour laisser triompher le désordre. Mais, si c'était par un pire, l'agent qui rendrait pire ce qui était meilleur, serait mauvais si c'était par un meilleur, il s'avérerait impuissant pour n'avoir pas pu dès le commencement instaurer le meilleur; si c'était par un semblable, il se donnerait une peine inutile, et si c'était enfin pour laisser triompher le désordre... mais il n'est pas permis d'envisager cette dernière hypothèse.

Que l'univers n'ait pas été créé, ce qui vient d'être dit le prouve suffisamment. S'il est impérissable en effet, il n'a pas dû commencer, puisque tout ce qui commence est sujet à finir. De plus, comme l'univers existe par un effet de la bonté de Dieu, il est nécessaire que Dieu soit toujours bon et que le monde soit toujours existant, de la même façon que la lumière coexiste avec le soleil et le feu, et l'ombre avec le corps.

Entre les corps qui se meuvent dans l'univers, les uns imitent l'intelligence et se meuvent en cercle; les autres imitent l'âme et vont en ligne droite.

Parmi ceux qui se meuvent en ligne droite, le feu et l'air se portent en haut, la terre et l'eau tendent vers le bas. Parmi ceux qui se meuvent en cercle, il y a la sphère des étoiles fixes qui se dirige de l'Est à l'Ouest, et les sept sphères planétaires qui sont emportées de l'Ouest à l'Est. Les raisons de ces déplacements sont nombreuses et diverses, mais c'est surtout pour empêcher, si la révolution des sphères devenait trop rapide, que la génération ne fût imparfaite. La diversité de ces mouvements implique nécessairement qu'est aussi diverse la nature des corps mus, et que le corps céleste ne peut ni brûler, ni refroidir, ni accomplir aucune autre action propre aux quatre éléments.

Puisque, comme le zodiaque l'indique, l'univers est une sphère, et qu'en toute sphère le bas devient le centre - car le centre est de tous côtés le point le plus distant - et qu'en outre les corps pesants qui tendent vers le bas sont entraînés vers la terre, il devient nécessaire que la terre soit le centre du monde.

Toutes ces choses ont été accomplies par les dieux; l'intelligence les ordonne et l'âme les meut. Mais, sur les dieux, j'en ai déjà dit assez.

8. DE L'INTELLIGENCE ET DE L'ÂME. QUE L'ÂME EST IMMORTELLE

L'intelligence est la puissance qui vient après l'être, mais qui précède l'âme. Elle tire son existence de l'être et rend l'âme parfaite, comme le soleil rend la vision parfaite. Parmi les âmes, les unes sont raisonnables et immortelles; les autres, irraisonnables et mortelles. Les unes procèdent des dieux du premier rang; 1es autres, des dieux du second rang. Mais il faut d'abord rechercher ce qu'est l'âme.

L'âme donc est ce par quoi diffèrent les êtres animés des êtres inanimés, et ils en différent par le mouvement, la sensibilité, l'imagination et l'intelligence. L'âme irraisonnable est la vie sensitive et imaginative; l'âme raisonnable est la vie qui domine la sensibilité et l'imagination, et qui se sert de la raison. L'âme irraisonnable obéit aux passions du corps, car elle désire et s'irrite inconsidérément. Mais l'âme raisonnable méprise avec circonspection tout ce qui vient du corps; et, en lutte avec cette âme irraisonnable, elle obtient la vertu par sa victoire et le vice par sa défaite. Cette âme raisonnable doit nécessairement être immortelle, car, d'un côté, elle connaît les dieux,

23

et rien de ce qui est mortel n'a jamais connu ce qui est immortel, et, d'autre part, elle méprise, en les regardant comme étrangères, les choses humaines, et, en tant qu'incorporelle, réagit contre les choses corporelles.

Tant que les corps, en effet, sont jeunes et beaux, elle s'altère; mais, quand ils vieillissent, elle atteint au plus haut point de force. De plus, toute âme généreuse use de l'intelligence, et jamais aucun corps n'accroît l'intelligence. Comment, en effet, ce qui est dépourvu d'intelligence pourrait-il accroître l'intelligence ? Bien que l'âme se serve d'un corps comme d'un instrument, elle n'est pas dans le corps, tout comme un créateur de machines n'est pas dans ses machines, puisque nombre d'entre elles se meuvent sans qu'on y touche. S'il arrive souvent que l'âme soit par le corps détournée de sa fin, il ne faut pas s'en étonner, car les arts ne peuvent point effectuer leurs tâches si leurs instruments sont endommagés.

9. DE LA PROVIDENCE, DU DESTIN ET DE LA FORTUNE

La Providence des dieux peut être aussi reconnue par ces faits. D'où procéderait, en effet, l'ordre que l'on voit dans le monde, s'il n'existait rien qui ait pu l'ordonner ? D'où viendrait que tout naît en vue de quelque fin, l'âme irraisonnable, par exemple, afin qu'ait lieu la sensation, et l'âme raisonnable, afin que la terre soit par l'ordre embellie ? On peut aussi reconnaître, à l'égard de la nature corporelle, le soin de cette Providence. Les yeux sont transparents, en effet, pour être adaptés aux besoins de la vision; le nez est placé au-dessus de la bouche, afin qu'il puisse discerner les odeurs malfaisantes; les dents du milieu sont pointues pour diviser les aliments, et celles du fond, élargies pour les broyer. Nous voyons ainsi que tout en toutes choses est disposé conformément à la raison. Or, il est impossible qu'il existe une telle Providence pour s'occuper de ces petites choses, et qu'il n'y en ait point pour s'occuper également des grandes.

Les oracles qui surviennent dans l'univers et les guérisons des corps sont un effet de cette bénéfique Providence des dieux. Une telle sollicitude à l'égard de l'univers, il faut penser que ce sont les dieux qui, sans rien désirer et sans aucune peine, en sont les agents. Mais, de la même manière que les corps en jouissance de leurs activités font ce qu'ils font par cela même qu'ils sont, comme le soleil éclaire et réchauffe par le seul fait qu'il existe, ainsi, à plus forte raison, la Providence des dieux s'exerce par elle-même et sans peine et assiste ceux qui s'intéressent au bien. De ce fait les difficultés que soulèvent les Épicuriens sont résolues, car la Divinité ne saurait, disent-ils, s'embarrasser d'aucune affaire ni en embarrasser les autres.

Telle est la Providence incorporelle qu'exercent les dieux sur les corps et les âmes. Mais cette Providence qui vient des corps, qui est dans les corps et qui est différente de l'autre, est appelée Destin, parce qu'elle fait apparaître plus clairement dans les corps l'enchaînement des causes ; c'est au sujet de cette Providence que la mathématique a été également inventée. Aussi est-il raisonnable et juste de penser que non seulement les dieux, mais que les corps divins conduisent les affaires humaines, et surtout notre nature corporelle. Et voilà pourquoi la raison découvre que la santé et la maladie, la prospérité et l'adversité proviennent, selon la dignité de chacun, de cet enchaînement. Attribuer au Destin, en effet, nos injustices et nos mœurs dissolues, ce serait nous faire passer pour bons et les dieux pour mauvais, à moins qu'on ne veuille dire par là que, dans l'univers entier et chez les hommes qui suivent la nature, tout est disposé pour le bien, mais que la mauvaise éducation ou la faiblesse de la nature tournent en mal les biens que leur envoie le Destin, de la même façon que le soleil, tout en étant bon pour tous, se trouve être nuisible aux ophtalmiques et aux fébricitants. Pourquoi donc, en effet, les Massagètes dévorent-ils leurs pères; pourquoi les Hébreux se font-ils circoncire, et pourquoi les Perses regardent-ils comme nobles les enfants qu'ils ont de leurs propres mères ?

Et pourquoi les astrologues tiennent-ils Saturne et Mars pour maléfiques et les font-ils, au rebours, bénéfiques à la philosophie et à la royauté, en rapportant également à eux le commandement des armées et la découverte des trésors ? . S'ils invoquaient les trines et les carrés, il serait absurde de penser que la qualité de la nature humaine restât partout la même et que les dieux changeassent en changeant de positions. Le fait de pouvoir lire en un horoscope la haute ou la basse extraction de nos pères indique que les astres ne font pas tout, mais qu'ils révèlent seulement certains faits, car comment des faits antérieurs à la naissance pourraient-ils être produits, par ceux qui sont du fait de la naissance ?

Ainsi donc, de la même manière que la Providence et le Destin existent à l'égard des nations et des villes, et existent aussi à l'égard de chaque homme, de même pour eux tous il existe la Fortune, dont il nous reste maintenant à parler.

On appelle donc Fortune, la puissance des dieux appliquée à ordonner pour le bien les divers événements imprévus qui surviennent, et c'est là la raison pour laquelle il convient surtout que les cités rendent à cette déesse un culte public, car toute cité est constituée par un ensemble d'intérêts différents. Cette déesse concentre son pouvoir dans la lune; car, pour ce qui est au-dessus de la lune, rien de fortuit n'arrive. Si les méchants prospèrent et si les bons vivent dans l'indigence, il ne faut pas s'en étonner. Les uns font tout pour avoir des richesses; les autres n'en ont aucun souci. D'ailleurs, la prospérité des méchants ne saurait les arracher à leur méchanceté; et les bons se contenteront de la seule vertu.

10. DE LA VERTU ET DU VICE

Pour parler de la vertu, il est besoin de se rappeler ce qui a été déjà dit au sujet de l'âme. Lorsque l'âme irraisonnable pénètre en effet dans les corps, elle y fait naître aussitôt l'élan vital et l'appétit concupiscible. Lorsque l'âme raisonnable s'y fixe, elle fait que l'âme alors de trois parties se compose : de raison, d'élan vital et d'appétit concupiscible. La vertu donc est la sagesse de la raison; la vaillance, celle de l'élan vital; la modération, celle de l'appétit concupiscible, et la justice, celle de l'âme totale. Il appartient à la raison, en effet, de discerner ce qui sied; à l'élan vital, d'obéir à la raison et de mépriser ce qui semble effrayant; à l'appétit concupiscible, de poursuivre, non pas ce qui paraît délectable, mais ce qui est conforme à la raison. Toutes choses allant ainsi, la vie devient d'un équilibre parfait. La mesure que l'on garde vis-à-vis des richesses n'est qu'une petite partie de la vertu. Voilà pourquoi il n'est possible de voir l'ensemble de toutes les vertus que chez les hommes qui ont été formés. Chez les ignorants, l'un est courageux, mais injuste; l'autre retenu, mais incompréhensif, et ce dernier sensé, mais dévergondé. Or, il ne convient pas d'appeler ces qualités des vertus; elles manquent de raison, sont imparfaites et se rencontrent aussi chez quelques animaux. Le vice apparaît dans le contraire des vertus. L'incompréhension est le vice de la raison; la lâcheté, celui de l'élan vital ; le dévergondage, celui de l'appétit concupiscible, et l'iniquité, celui de l'âme tout entière. Les vertus naissent du bon gouvernement des États, d'une bonne éducation et d'une saine instruction. Les vices s'engendrent des contraires.

11. Du judicieux et du vil gouvernement

Les gouvernements se constituent aussi conformément aux trois parties de l'âme. Les chefs correspondent à la raison; les soldats, à l'élan vital, et les peuples aux appétits concupiscibles. Là où tout est régi par la raison et où gouverne le meilleur de tous, c'est l'état monarchique. Là où tout est conduit par la raison et par l'élan vital et où gouverner n'est pas le fait d'un seul, c'est l'aristocratie qui se trouve établie. Là où, enfin, les peuples sont dirigés par l'appétit concupiscible et où les charges sont en raison des richesses, un tel gouvernement est dit timocratique. Le contraire de la monarchie est la tyrannie, parce que, si la monarchie agit toujours conformément à la raison, la tyrannie ne fait rien de conforme à la raison. Le contraire de l'aristocratie est l'oligarchie, car alors ce ne sont pas les meilleurs, mais 1e petit nombre et les pires qui gouvernent. Le contraire enfin de la timocratie est la démocratie, car ce ne sont plus alors ceux qui ont des richesses, mais c'est la multitude qui est la maîtresse de tout.

12. D'OÙ VIENNENT LES MAUX, ET QUE LA NATURE DU MAL N'EXISTE POINT

Mais comment se fait-il, si les dieux sont bons et s'ils produisent tout, que les maux soient entrés dans le monde ? Ne faut-il pas tout d'abord alléguer que, puisque les dieux sont bons et qu'ils font tout dans le monde, que la nature du mal n'existe point, et que le mal ensuite provient de l'absence du bien, de la même façon que l'obscurité, qui n'existe point par elle-même, naît de l'absence de la lumière ? Il serait de plus nécessaire, si le mal existait, qu'il se rencontrât, soit chez les dieux, soit dans les intelligences, soit dans les âmes, soit enfin dans les corps. Mais il n'est pas chez les dieux, puisque tout dieu est bon. Si quelqu'un affirmait que l'intelligence est mauvaise, il prétendrait que l'intelligence est inintelligente. S'il disait que l'âme est mauvaise, il la ferait pire que le corps, car tout corps par soi-même n'a rien de mauvais. S'il avançait enfin que le mal naît et de l'âme et du corps, il proférerait une absurdité, car deux choses séparées dont chacune est bonne, ne peuvent pas engendrer le mal par leur union. Mais si l'on disait qu'il existe de mauvais génies, ces génies, s'ils tiennent leurs existences des dieux, ne sauraient être mauvais, et si, d'autre part, ils la tiennent d'ailleurs, il en résulte que ces dieux ne font pas tout. Or, s'ils ne font pas tout, ou bien, le voulant ils ne le peuvent pas, ou bien, le pouvant ils ne le veulent pas, et ni l'un ni l'autre ne convient à Dieu. En conséquence, par ce qui vient d'être dit, on peut voir qu'il n'existe rien dans le monde de mauvais par nature. Quant aux actions des hommes, si le mal y apparaît, ce n'est pas dans celles de tous les hommes ni de façon perpétuelle. Partant, si les hommes faisaient le mal pour le mal, leur nature elle-même serait mauvaise. Mais celui qui commet l'adultère regarde l'adultère comme un mal et le plaisir comme un bien; le meurtrier considère le meurtre comme un mal et l'argent comme un bien, et celui qui fait du tort à son ennemi sait que faire du tort est un mal, mais il regarde comme un bien de se venger de son ennemi. Et c'est ainsi que l'âme faute toujours. Le mal naît par le bien, tout comme naissent, par la lumière absente, les ténèbres, qui n'ont pas d'existence réelle. L'âme faute donc parce qu'elle convoite le bien, et si elle s'égare au sujet du bien, c'est qu'elle n'est pas une essence première. Pour l'empêcher de s'égarer et la ramener lorsqu'elle s'est égarée, les dieux, on peut s'en rendre compte, ont pris une infinité de soins. Les arts, en effet, les sciences, les vertus, les prières et les sacrifices, les initiations, les lois et les gouvernements, les jugements et les peines ont été créés pour empêcher les âmes de commettre des fautes. Et, lorsqu'elles sortent du corps, des dieux et des génies purificateurs les purifient des fautes qu'elles ont commises.

13. COMMENT PEUT-ON DIRE DES CHOSES ÉTERNELLES QU'ELLES SONT PRODUITES ?

Touchant les dieux, l'univers et les choses humaines, ce que nous avons dit suffit à ceux qui ne sont pas capables d'approfondir l'étude de la philosophie et dont les âmes ne sont pas incurables. Il reste à expliquer comment toutes ces choses n'ont jamais commencé et ne se sont jamais les unes des autres séparées, puisque nous aussi nous avons affirmé que les choses qui viennent en second rang ont été produites par celles du premier.

Tout ce qui commence parvient à l'être par l'entremise de l'art, de la nature, ou d'une puissance propre. Or, les créateurs qui produisent par l'entremise de l'art ou de la nature doivent nécessairement précéder ce qu'ils ont à produire. Dans les créations réalisées par l'effet d'une puissance propre, les effets produits sont associés avec les causes qui produisent, puisque la puissance qu'elles ont ne s'en sépare point, et c'est ainsi que le soleil possède la lumière, le feu, la chaleur et la neige la froideur. Ainsi donc, si les dieux créent le monde par art, ils ne lui donnent pas l'être, mais la façon de son être, car tout art, en effet, n'impartit que la forme. D'où vient donc l'être qui appartient au monde ? D'autre part, si les dieux créent par nature, tout ce qui crée par nature doit donner à ce qu'il crée quelque chose de son essence. Or, comme les dieux sont incorporels, il faudrait dans ce cas que le monde aussi soit incorporel. Mais si quelqu'un prétendait que les dieux ont un corps, d'où viendrait la puissance des êtres incorporels ? Si d'ailleurs nous acceptions cette hypothèse, il s'en suivrait nécessairement, si Dieu créait conformément au cours de la nature, que la destruction du monde impliquerait aussi la destruction de celui qui l'a fait. Ainsi donc, si les dieux ne créent le monde ni par l'entremise de l'art ni selon le cours de la nature, il reste qu'il est l'ouvrage de leur seule puissance. Or, tout ce qui est produit par puissance coexiste avec ce qui détient la puissance, et ce qui est ainsi produit ne saurait jamais périr, à moins qu'on ne prive le créateur de sa puissance. De ce fait, ceux qui affirment que le monde périra nient l'existence des dieux, ou, tout en affirmant que les dieux existent, ils enlèvent sa puissance à Dieu. Celui, en effet, qui fait que tout arrive à l'être par sa seule puissance, fait que tout subsiste conjointement à Lui. Comme Il est la souveraine puissance, il était nécessaire qu'Il ne créât pas seulement les hommes et les animaux, mais aussi les dieux, les messagers et les génies.

Et, autant ce premier Dieu l'emporte sur notre nature, autant il était nécessaire qu'existât, entre nous et Lui, une infinité de puissances. Toutes les choses, en effet, qui sont entre elles considérablement séparées, ont de nombreux intermédiaires entre elles.

14. Comment les dieux étant immuables, sont dits s'irriter et se calmer ?

Si quelqu'un pense qu'il est plausible et juste que les dieux soient immuables, et qu'il se trouve embarrassé pour expliquer comment ils se réjouissent des bons, se détournent des méchants, s'indignent contre les pécheurs et sont susceptibles, à la faveur d'un culte, de nous être propices, nous lui répondrons que Dieu ne se réjouit point, car ce qui se réjouit peut aussi s'attrister; qu'il ne s'indigne pas, car s'indigner est aussi le fait de la passion; qu'il n'est point apaisé par des dons, car il se laisserait vaincre par le plaisir. Nous ajouterons qu'il n'est pas permis de penser que la nature divine puisse être affectée, en bien ou en mal, par les choses humaines, mais qu'au contraire les dieux sont toujours bons, ne font rien que d'utile, ne nuisent jamais et restent toujours vis-à-vis des mêmes choses dans le même état. Quant à nous, si nous sommes bons, nous nous rapprochons des dieux par ressemblance; mais si nous devenons méchants, nous nous écartons d'eux par dissemblance. Et, tant que nous vivons selon les vertus, nous nous attachons aux dieux; mais, si c'est aux vices que nous nous adonnons, nous nous rendons ces mêmes dieux hostiles, non point qu'ils s'irritent, mais parce que nos fautes empêchent les dieux de nous illuminer et nous attachent à des génies répressifs. De plus, si nous trouvons dans les prières et dans les sacrifices l'affranchissement de nos fautes, ce n'est pas que nous apaisions les dieux ni que nous les changions; mais, par la vertu du culte que nous leur rendons et par notre retour à ce qui est divin, nous nous guérissons de notre perversité et nous pouvons éprouver de nouveau les bienfaits de la bonté des dieux. Et c'est pourquoi l'on peut dire que les dieux des méchants se détournent, de la même façon que le soleil se cache aux regards de ceux qui n'ont pas d'yeux.

15. Pourquoi honorons-nous les dieux qui n'ont besoin de rien ?

Ces considérations servent encore à résoudre la question des sacrifices et des autres honneurs que l'on rend aux dieux. La Divinité même, en effet, n'a besoin de rien. Les honneurs que nous lui rendons ne se rapportent qu'à notre utilité. La Providence des dieux s'étend partout et il n'est besoin pour la recevoir que d'accommodation. Or, toute accommodation résulte de l'imitation et de la ressemblance. C'est pour cela que les temples sont une imitation du Ciel; les autels imitent la terre; les statues imitent la vie, et c'est pourquoi elles sont faites à l'image des créatures animées; les prières imitent l'intelligence et les signes gravés, les puissances indicibles d'en haut. Les plantes et les pierres imitent la matière et les animaux qu'on immole, le principe de vie destitué de raison qui est en nous. Rien de tout ceci n'ajoute quoi que ce soit aux dieux, car que pourrait-on ajouter à Dieu ? mais ce sont là des moyens par lesquels nous pouvons entrer en liaison avec eux.

16. DES SACRIFICES ET DES AUTRES HONNEURS. QUE LES DIEUX N'EN RETIRENT AUCUN AVANTAGE, ET QUE LES HOMMES LES OFFRENT POUR LEUR UTILITÉ

Il est opportun, je crois, d'ajouter quelques mots touchant les sacrifices. Tout d'abord, puisque nous tenons tout des dieux, il est juste d'offrir à ceux qui donnent les prémices de ce qu'ils donnent, et nous offrons les prémices de nos biens par des offrandes votives, celles des corps par la consécration de leur ornement, celles de la vie par des sacrifices. En second lieu, les prières sans sacrifices ne sont que des paroles; mais, accompagnées de sacrifices, elles deviennent des paroles animées, car la parole donne puissance à la vie et la vie anime la parole. De plus, le bonheur de chaque chose est dans sa propre perfection, et la perfection propre à chaque chose est sa liaison avec sa cause. Voilà pourquoi nous prions dans le but d'obtenir d'être unis aux dieux. Puisque, en effet, la vie la plus haute appartient aux dieux, et que la vie humaine, qui n'est qu'une forme de vie, veut elle-même s'unir à cette vie divine, elle a besoin d'un intermédiaire - car les choses qui sont fort éloignées ne sauraient être unies sans un intermédiaire - et cet intermédiaire doit ressembler aux choses qu'il unit. Il fallait donc que la vie servît d'intermédiaire à la vie, et c'est pour cette raison que les hommes bénéfiquement inspirés, tant ceux d'aujourd'hui que ceux des temps passés, sacrifient des animaux. Ils ne le font pas sans choix; mais ils offrent à chaque dieu les sacrifices qui lui conviennent et y ajoutent beaucoup d'autres marques de vénération. Mais, sur cette matière, j'en ai dit assez.

17. Que le monde, de sa nature, est incorruptible

Nous avons dit que les dieux ne détruiront pas l'univers; il reste à montrer qu'il est aussi, par nature, incorruptible. Tout ce qui périt, en effet, périt ou de soi-même ou par le fait d'un autre. Si donc le monde périssait de soi-même, il faudrait aussi que le feu se consumât lui-même et que l'eau se desséchât d'elle-même. Par contre, si l'univers était détruit par le fait d'un autre, il devrait l'être par un agent corporel ou incorporel. Mais il est impossible que cet agent soit incorporel, puisque les choses incorporelles, comme la nature et l'âme, conservent les choses corporelles, et que rien ne saurait être détruit par le principe qui veille par nature à sa conservation.

D'autre part, si le monde était détruit par un agent corporel, ce devrait être, ou bien par des corps existants, ou bien par d'autres. Si c'est par des corps qui existent, ou ceux qui ont un mouvement circulaire détruiront ceux qui vont en ligne droite, ou ceux qui vont en ligne droite détruiront ceux qui ont un mouvement circulaire. Mais les corps qui ont un mouvement circulaire n'ont en eux aucun principe destructeur, car pourquoi voyons-nous que rien de corruptible ne procède de là ? Ceux en outre qui se meuvent en ligne droite ne peuvent atteindre ceux qui se meuvent en cercle, car pourquoi jusques à maintenant ne l'ont-ils pas pu ? On ne saurait non plus dire que les corps qui vont en ligne droite puissent être détruits les uns par les autres. La destruction de l'un, en effet, est la génération d'un autre, et c'est là non point d'être détruit, mais être transformé. D'autre part, si le monde doit périr par l'effet d'autres corps, personne n'est en état de dire, ni d'où viennent ces corps, ni où ils sont maintenant. De plus, tout ce qui périt est détruit soit dans sa forme ou bien dans sa matière. Or, la forme constitue l'apparence, et la matière, le corps. Si la forme périt, la matière subsiste, et nous voyons s'engendrer d'autres formes. Mais si la matière s'évanouit, comment, depuis tant d'années, ne fait-elle point défaut ? Mais si, à la place d'une matière qui périt une autre apparaît, elle doit provenir, ou de choses qui sont, ou de choses qui ne sont point. Si c'est des choses qui sont, comme les choses qui sont subsistent toujours, la matière aussi doit toujours subsister. Mais si les choses qui sont dépérissent, non seulement le monde, mais aussi toutes choses sont affirmées périr. Si l'on prétend, d'autre part, que la matière naît des choses qui ne sont point, on répondra qu'il est tout d'abord impossible qu'il puisse naître quelque chose des choses qui ne sont point; et, en second lieu, en admettant méme que cela puisse arriver et qu'il soit possible que la matière puisse naître des choses qui ne sont point, aussi longtemps qu'il existera des choses qui ne sont point, la matière aussi subsistera, car jamais aussi ce qui n'existe pas ne pourrait périr. Mais si l'on avance que la matière peut rester sans forme, comment se fait-il d'abord que l'on attribue au tout de l'univers ce que dans ses parties l'on ne remarque pas ? De plus, une telle hypothèse ne détruit pas la substance des corps, mais seulement leur apparente beauté.

En outre, tout ce qui dépérit, ou bien se résoud dans les éléments dont il a été formé, ou bien s'évanouit dans ce qui n'existe pas. Mais, s'il se résoud dans les éléments dont il a été formé, de ces éléments naîtront d'autres combinaisons, car pourquoi celle qui périt aurait-elle été absolument produite ? Si, d'autre part, ce qui est s'évanouit dans ce qui n'existe pas, qu'est-ce qui empêche que cela ne puisse arriver même à Dieu ? Si l'on dit que sa puissance le lui défend, il ne sied pas à un puissant de ne penser qu'à se conserver lui seul. Il est donc également impossible que ce qui est puisse provenir de ce qui n'existe pas, et que ce qui est puisse s'évanouir dans ce qui n'existe point.

De plus, il est nécessaire, si le monde périt, qu'il périsse selon le cours de la nature ou en opposition au cours de la nature. Si c'est selon le cours de la nature, c'est en opposition au cours de la nature qu'il a été formé et maintenu jusqu'ici; mais rien ne se produit en opposition au cours de la nature, et ce n'est pas ce qui est en apposition au cours de la nature qui se trouve être antérieur à la nature. Si c'est en opposition au cours de la nature, il faut qu'il y ait une autre nature qui puisse changer la nature de l'univers, ce qui n'apparaît point. En outre, tout ce qui périt de façon naturelle, nous pouvons aussi le faire périr; mais le corps circulaire du monde, personne n'a jamais pu le détruire ni le changer. Quant à chacun de ses éléments, s'il est possible de les transformer, il est impossible de les détruire. De plus, tout ce qui périt est susceptible d'être modifié par le temps et de vieillir; mais l'univers depuis tant d'années reste immodifié.

Ayant ainsi parlé pour ceux qui ont besoin de preuves plus solides, nous prions le monde de nous être propice lui-même.

18. D'OÙ VIENT L'IMPIÉTÉ, ET QUE LA DIVINITÉ NE SAURAIT ÊTRE LÉSÉE

Il ne convient certes pas que l'impiété qui se manifeste en certains lieux de la terre et qui souvent dans la suite doit se manifester, porte le trouble chez les hommes sensés. De tels forfaits en effet n'atteignent point les dieux, tout comme nous avons dit que les honneurs ne leur apportaient aucun profit. De plus, il est également impossible que l'âme, qui est d'une essence intermédiaire, puisse toujours bien agir, et que l'univers puisse, dans sa totalité, jouir d'une égale façon de la Providence des dieux; mais, certaines de ses parties composantes en sont toujours l'objet, certaines autres ne le sont que durant un certain temps; celles-ci tiennent le premier rang, celles-là ne viennent qu'au second, tout comme la tête jouit de tous les sens, pendant que le corps, dans sa totalité, ne perçoit que par un. C'est pour cette raison, semble-t-il, que ceux qui ont institué les jours de fête ont aussi établis des jours néfastes, durant lesquels certains lieux sacrés devaient être infréquentés, certains autres fermés et dépouillés de leur parure, s'acquittant ainsi envers les dieux par un culte approprié à la faiblesse de notre nature. L'impiété d'ailleurs est vraisemblablement une forme de châtiment . Il est juste, en effet, que ceux qui ont connu les dieux et qui les ont méprisés soient frustrés, dans une vie postérieure, de cette connaissance, et il fallait aussi que la Justice privât des dieux ceux qui, comme des dieux, ont honoré leurs rois.

19. Pourquoi les coupables ne sont-ils pas tout aussitôt punis ?

Si les châtiments de ces fautes et de tous les autres délits ne tombent pas tout aussitôt sur les coupables, il ne faut pas s'en étonner. Il n'y a pas seulement, en effet, que les génies qui punissent les âmes, mais l'âme elle-même aussi se livre au châtiment. En outre, comme les âmes doivent durer toujours, il n'était pas nécessaire qu'elles éprouvassent dans un court espace de temps tout ce qu'elles ont à subir, et il fallait aussi donner à la vertu humaine le temps de se manifester. Si les châtiments, en effet, accompagnaient tout aussitôt les fautes, les hommes ne pratiqueraient la justice que par crainte et n'auraient aucune vertu. Les âmes sont donc châtiées dès qu'elles sortent du corps; les uns, en errant ici; les autres, dans certains lieux chauds ou froids de la terre; d'autres enfin sont tourmentées par des génies. Toutes ces peines, elle les endurent avec cette âme irraisonnable en accord avec laquelle elles ont aussi fauté. C'est par cette âme que subsiste ce fantôme d'ombre qui, autour des tombes et surtout des tombes de ceux qui ont vécu dans le mal, est aperçu.

20. DES MIGRATIONS DES ÂMES, ET COMMENT LES ÂMES SONT DITES PASSER DANS DES CORPS D'ANIMAUX

Les migrations des âmes, quand elles se font par le passage des âmes dans le corps de créatures raisonnables, font que ces âmes deviennent les âmes même de ces corps. Lorsqu'elles se dont par le passage des âmes dans le corps de créatures irraisonnables, elles font que ces âmes doivent, par l'extérieur, accompagner ces corps, comme nous suivent les génies qui nous sont assignés. Jamais en effet une âme raisonnable ne saurait devenir celle d'une créature irraisonnable. Ces migrations des âmes peuvent s'induire de certains états que l'on tient de naissance. En effet, pourquoi effet, pourquoi les uns naissent-ils aveugles ; les autres, languissants, et ceux-ci avec l'âme elle-même viciée ? Elle peut aussi s'induire du fait que les âmes, destinées par nature à vivre dans un corps, ne peuvent pas, une fois sorties du corps, rester perpétuellement inactives. Si, en effet, les âmes ne devaient point passer dans de nouveaux corps, il serait nécessaire qu'elles fussent en nombre infini ou que Dieu en créât perpétuellement de nouvelles. Mais il n'y a rien d'infini dans le monde, car dans le sein du fini ne saurait exister quelque chose d'infini. Il n'est pas possible non plus que de nouvelles âmes soient créées, car toute chose en qui survient quelque chose de nouveau est, elle aussi, nécessairement imparfaite. Or il convient que le monde, qui procède d'un principe parfait, soit parfait.

21. QUE LES VERTUEUX SONT HEUREUX DANS CETTE VIE ET APRÈS LA MORT

Quant aux âmes qui ont vécu selon la vertu, heureuses à tous égards, elles le seront surtout lorsque, séparées de leur principe irraisonnable et purifiées de tout élément corporel, elles s'adjoindront aux dieux et partageront avec eux le gouvernement de l'univers entier. Et quand bien même si rien de tout cela ne leur arrivait, la vertu elle-même, et la joie et l'honneur qu'elles retireront de cette vertu, la vie libre de peines et affranchie de toute servitude suffiraient à rendre bienheureuses celles des hommes qui ont choisi de vivre selon la vertu, et qui s'en sont montrés capables.